영혼의 지문

영혼의 지문

임채수 제5시집

창연

■ 시인의 말

  백 마디 말보다 한 줄의 글이 더 위대합니다.
  호흡기 바이러스 감염은 죽음을 부르는 공포입니다. 나는 2015년 메르스를 거치면서 2017년은 죽음을 준비할 정도 아팠습니다.
  죽었던 사람을 아내가 살려내어 8년째 덤으로 살고 있습니다.
  오늘 건강하게 살다가 내일 죽은 사람도 있습니다.
  죽음을 준비한 후 언제 죽음이 와도 후회 없도록 오늘이 마지막 날인 것처럼 성스럽고 충실히 살기로 했습니다. 오늘 눈을 뜨고 있음에 감사하고 살아 있는 시간을 낭비하지 말고 하고 싶은 일을 하며, 긍정적인 생각으로 삶을 즐기면서 날마다 최고의 날이 되도록 행복하게 살기로 하였습니다.
  일분일초도 낭비할 수 없는 삶의 시간 직장에 다니면서 약간의 틈의 시간이 있으면 책을 읽고 국내와 해외여행을 하며 영어, 일어, 중국어, 베트남어 외 현지어를 공부하고 그림을 그리고 글을 써 왔습니다.

덤으로 살면서 2017년 1년 투병을 하며 쓴 시집 『마산항 스케치』를 2018년 발간하였고, 2021년 수필집 『나비의 시간』을 발간하였습니다. 2024년 발간하는 시집 『영혼의 지문』은 5년간 장애인 직업 재활 시설에서 중증 장애인 근로 지원하는 일을 하면서 쓴 시들과 2023년 아내가 코로나19 백신 3차 접종 후 기저 질환이 불을 붙였는지 졸지에 죽음에 이른 엄청난 사건을 겪으면서 쓴 시입니다. 이 시집은 아내에게 보내는 편지이자 이 시집을 읽는 독자에게 중증 장애인의 근로 지원을 이해하고 호흡기 바이러스 감염이 얼마나 무서운 병인지 알리고자 쓴 시입니다. 독자들이 풍요로운 삶을 영위하는데, 조금이라도 도움이 되었으면 합니다.

2024년 11월
저자 임채수

차례

■ 시인의 말 • 4

제1부_깍두기

깍두기 • 13
넝쿨 나무 • 14
벼 • 16
봄날 우박 • 17
자갈 마당 • 18
해 질 녘 • 20
산책길 • 22
대금굴, 생명의 파동 • 24
우리 손을 꼭 잡고 놓지 말고 걷자 • 25
봄에 드리는 기원 • 26
묘비 앞에서 • 28
폴더 가이드 • 30
빨래를 널며 • 31
도꼬마리 씨 • 32
9월의 부산 송정 해수욕장 • 34

제2부_시드니 항, 밤의 불빛

시드니 항, 밤의 불빛 • 37
히메지 성 • 38
흔적 • 40
시인이 찾는 것 • 42
수국꽃 • 44
미니멀 라이프 • 46
미틈달 • 48
불빛 • 50
너는 나의 호흡이다 • 51
영혼의 지문 • 52
은혜 • 54
대청, 백령 지질 공원 • 56
호흡기 바이러스 팬데믹 • 58
아내의 입원일지 • 60
김해 문학기행 • 62

제3부_목련꽃

아프면 안 되는 날 • 65
안부 • 66
냉정한 출근길 • 68
꽃다발 • 70
추억을 신고 걷는다 • 72
벚꽃 나무 아래서 • 74
민들레꽃 • 75
불꽃놀이 • 76
목련꽃 • 77
사람꽃 • 78
벚꽃이 피는 길 • 79
그리움을 먹으러 간다 • 80

제4부_순수의 시간

순수의 시간 • 83
새해 떡국 • 84
중증 장애인 근로 지원 • 85
녹슨 칼 • 86
마산 국화 축제장에서 • 87
일왕의 아들 • 88
청각장애인 화가 K의 근황 • 89
설국 • 90
세상은 읽어도 읽어도 읽을거리가 많다 • 92
흐르는 시간 • 94
굳이 신의 깊은 뜻을 알려고 하지 말자 • 96
시간의 사이 • 98
그리움이 있는 나라 • 99
빛 • 100

■ 후기와 연보 • 101

※ 본문 페이지에서 한 연이 첫 번째 행에서 시작될 때에는 < 표기를 합니다.

제1부_깍두기

깍두기

아삭하고 달콤한 깍두기를 만든다
거듭된 생각이 싱싱하게 여문 무로
겁 없이 자라난 짙푸른 이파리는 잘라내고
팍팍한 세상의 검은 흙을 씻어내고
흠집이나 썩은 상처는 파내고
껍질을 깎아내고 맑은 물에 헹구어 내면
목욕하고 나온 알몸인 양 뽀얀 무
한 잎 베어 물면 매운 생무
각설탕 모양으로 썰고 썰어서
생각의 언어 양념을 입히어
어두운 고통의 항아리에 넣는다
깍두기의 아삭하고 달콤한 맛은
충분히 숙성한 고통의 시간 맛이다
깍두기 같은 시를 쓰고 싶은 나는
어두운 터널을 지나온 언어를
군더더기 자르고 껍질을 벗겨내고
맑은 물로 씻어낸 영혼의 언어로
먹기 좋게 정성껏 다듬어
숙성의 항아리에 넣는다
숙성시간을 충분히 가져야 함을 알면서도
시간에 앞서 개봉하더라도
아삭한 맛을 기대하며

넝쿨 나무

회사 문 앞 오래된 시골집 돌담 넝쿨 나무
뼈로 돌에 새기는 야윈 근육들
허술한 돌담을 그물로 덮듯 감싸고 있다

찬 바람에 온기 잃은 돌을 잡고
한 줌 햇살에 투명한 혈관을 보이는 넝쿨 잎은
한 잎 두 잎 떨어져 지상에서 나뒹굴고

만져보아도 불 꺼진 거푸집 몸이어서
젊은 혈기 장애인 친구들과
복사용지 상차하는 무게에 짓눌리며
땀 흘리는 나이를 되돌아본다

앞만 보고 치열하게 살아가는
푸른 욕망은 푸른 한때이다

사람을 움직이게 하는 욕망이 낡고 바싹 말라
힘없이 널브러지는 넝쿨 나무
이리저리 손을 뻗던 노력의 흔적은 시들고
시린 몸 감싸는 따뜻한 햇볕이 그립다

황량한 찬바람 서성이는 말 없는 돌담에
장애를 안은 푸석한 몸으로 낮게 웅크린

낡고 허접한 내가 있다

벼

점심시간 의림사 가는 시골 산책길
논에는 노랗게 익은 벼가 고개 숙이고 있다
익은 벼에는 똥오줌 거름을 갈아엎은 논에
묘를 심는 농부의 허리 굽은 땀이 보인다
익은 벼에서 한 줌 바람과 구름이 뿌린 한 다발 비와
논물에 유충들 개구리의 노래가 들린다
설익어 고개 들은 벼는 밥이 될 수 없다
벼가 익어 고개 숙이고 남에게 보이려는 껍질을 벗어야
비로소 밥이 되는 알갱이가 된다
나는 낮은 땅에서 얼마나 똥오줌 거름의
굴욕을 견디며 고개 숙이며 지내왔을까
설익어 고개 들은 벼를 익은 벼라 하지 않았는지
설익은 상태에서 생명을 살리는
보시의 밥이 되려 하지 않았는지
벼는 익어 고개 숙일 때 아름다운 밥이 된다
밥을 먹는다는 것은 하늘, 바람과 비
세상의 사랑을 먹는다는 것이다
고개 숙인 기도를 먹는다는 것이다

봄날 우박

마산 해양공원 연초록 나뭇잎들이
윤슬을 몰고 오는 바다와 눈 맞춘다
나무들이 봄을 환호하는 초록 물감을 터트리며
감추던 연분홍 꽃봉오리 살며시 내보인다
가벼운 하늘에 무거운 구름이 훑고 지나가자
하늘을 받치고 있는 나무 위에
구멍 난 하늘에서 갑자기 쏟아지는 얼음덩이
기지개 켜던 나뭇가지 꺾이고 꽃들이 웅크리고
나뭇잎은 구멍 나고 찢기는 장애로
봄날 우박에 금이 간 마음 조각조각 부서진다
살다 보면 세상을 푸르게 살아가는 꽃잎 위로
이상 기온의 우박이 쏟아지는 세상
부러진 나뭇가지 떨어지고 잎들은 찢기고
날카로운 상처로 눈물에 젖어 나뒹굴며
놀란 가슴 고개 숙이고 겨울 백신을 맞는다
하늘이 비장애의 축복을 모르고
삶의 겸손을 잊을까 뿌리는 얼음덩이
약간의 바람에도 흔들리는 나무일수록
상처를 잘 입고 상처를 빨리 아무는 탄성으로
순간에 죽고 사는 세상을
온몸으로 받아들인다

자갈 마당
― 태종대 자갈 마당에서

빅뱅으로 태어난 우주의 한 점 지구
우리는 지구의 산화로 태어났다

우리는 좁은 시야 편견으로 뭉쳐져 있었지만
넓은 바다가 열정의 파도에 시달리기도 하고
속 깊은 바다와 이야기하기도 하고
서로 부딪히면서 둥글어지고 있다

어디엔가 보석으로 쓰일 수 있기를 기대하며
칠월 가운데 오후의 태양 뜨거워도
파도에 서로 구르고 부딪히면서 자신을 갈고 닦는
상처를 이해한다 편안하게 쓰다듬으며
살아 있을 때 서로 사랑하며 만져야 한다고
선한 눈의 바다를 안으며 바다색으로 물이 든다

우리는 나이가 들고 많이 알수록
가슴을 쥐었다 폈다 하는 바다를 닮아야 한다
바닷바람을 펼쳐놓는
아낙들 좌판의 받침돌이 되기도 하고
살아가면서 풀어놓은 눈물을 말릴 수 있어야 한다

살아간다는 것은 지구의 산화로 태어난
모난 생각이 세상 파도에 깎이고 둥글어가며

바다에서 현실의 불볕더위에 달구어지는
생각의 온도 차를 조절하며
알 수 없는 내일보다 오늘을 즐겨야 한다

자갈 마당 몽돌 위에는
햇빛이 좌선하고 있다

해 질 녘

해를 삼키는 산이 토해내는 아우라
강 위에 내려앉아 은빛 날개 펴며 지저귄다

푸른 하늘 믿고 모든 것 잊고 아무 생각 없이
바람 따라 떠나온 붉게 물드는 구름에게 묻는다
나는 어떻게 태어나 이 시간 여기까지 왔는가
보릿고개 넘어 산업사회에 오염된 짚신의 마음이
라오스 소계림에서 동심으로 물든다

가지고 온 무거운 생각을 내려놓고
구명조끼 입고 롱테일 보트에 앉아
은박지 일렁이는 쏭강으로 미끄러진다

이 시간 나는 또 어디로 흘러갈 것인가
흐르는 강물이 받아내는 석회 절벽의 그림자
은빛 캠퍼스에 검은 산을 그려 놓는
해 질 녘 삶이란 어스름 지는 강에서
빛을 찾아가는 것일까
빛에 내보일수록 주글주글한 주름들을
어스름의 은빛이 팽팽하게 당긴다

죽었다 살아가는 찬 몸을 불타는 구름에 데우고
살아있는 시간의 얼굴이 황금빛에 물드는

해 질 녘 강 위로 쏟아지는 감성에 젖는다

산책길

삶에 있어 산책길 하나는 있어야 한다
나무 숲길이 뜨거운 태양을 식혀주고
바람이 걸어가는 길을 만들어 주는

사랑을 먹고 자란 나무가
천상의 잔잔한 호수와 이야기하듯
찬바람에 흔들리는 야윈 나무를 감싸 안아 주는

무조건적인 넓고 깊은 사랑으로
편안함을 주고 죽어가는 사람에게 새 생명을 주는
그런 산책길 하나는 있어야 한다

나이가 들면서 세상을 많이 살아 갈수록
세상에 수많은 나무를 만날수록 나는 안다
사랑이 없으면 아무것도 아닌 것을

우주의 파장대로 살아가는 우리는
바람이 죽으며 바람을 알듯
사랑이 죽으며 진정한 사랑을 안다

＜
외롭게 세상을 걸어가는 사람에게
죽을 때까지 사랑으로 삶의 길을 열어주는
산책길 하나는 있어야 한다

대금굴, 생명의 파동

물은 지구를 조각하는 조각가이다
삼척에서 물의 웅장한 조각품을 본다
흐르는 물은 조각칼이다
강물이 산을 뚫고 지나가며 큰 돌문을 새기고
그 아래 구문소를 만들고
퉁소처럼 대금굴을 파기도 한다
대금굴에서 흐르는 물을 따라
파동의 음계를 밟고 오르다 보면
금강물이 천장에 종유석을
성모상, 미륵불상을 조각한다
내 작은 파동이 큰 파동 이끌려 온 대금굴
금강물의 조각칼로 종유석을 조각하는
파동이 퉁소 속인 양 울리는데
나는 나를 조각하는
고통의 파동을 얼마나 견디고
얼마나 나를 비우고 나를 버렸을까
파동이 어떤 인간으로 조각하였을까
무언가 알 수 없는 떨림으로
생명의 파동이 한 인간을 조각하는
나도 모르는 나를 본다

우리 손을 꼭 잡고 놓지 말고 걷자

우리 손을 꼭 잡고 놓지 말고 걷자
당신 가슴이 내 가슴으로 건너오는 손
내 가슴이 당신 가슴으로 건너가는 손
내 가슴 따뜻해져 뛰고 있는
우리 꼭 잡은 손 놓지 말고 걷자
당신 손은 얇고 주름진 피부 굵어진 손가락
당신 손은 뜨거움도 차가움도 이겨낸 야윈 손
나를 구원하고 가족을 길러낸
야무지고 성스러운 작은 손
비바람에 뿌리 뽑히는 아픔에도 담담하게
묵주와 기도서가 올려져 있는 손
당신 손을 꼭 잡고 걸으면
산과 들 나무와 길이 생기가 돌고
세상 모두 생기가 도니
우리 꼭 잡은 손 키스를 보내며
영원히 놓지 말고 세상 끝까지 걷자

봄에 드리는 기원

찬바람에 웅크린 봄꽃이
봄노래 부른다
봄꽃이 꽃잎을 열며 봄을 부른다

세상은 꽃이 피며 봄을 부르건만
꽃이 피지 못하고
찬바람에 떨고 있는 꽃을 본다

병원 창밖 바라보면 봄을 부르는 꽃
동공이 커진 눈 말라가는 얼굴 보며
나는 돌아서서 눈물 흘린다

봄꽃은 "왜 다른 곳으로 보고 있나"라며
나를 보라고
하늘 보고 봄을 부른다

치러야 할 고통을 모르면서
두 손 모으고 봄을 심으며
시나브로 피어나는 꿈을 부른다

시들어 가는 진달래 마른 가지
찬바람 견디어내고 새살이 돋듯
봄이 움터 꽃 피기를 기다리며

＜
코로나 오미크론이 막고 있는 길
잔인한 운명을 따라 입원실로 가는
아내를 보고 또 본다

묘비 앞에서
– 아내에게 보내는 편지

내 사랑 보이지 않아 돌에 새긴 내 마음을 본다
내 사랑의 눈물인가 노란 얼룩이 보인다
눈물을 씻어 주니 밝은 눈이 빛난다

호흡기 바이러스에 갉아 먹히면서도
나를 살려 놓은 천사
뼈가 가루 되어 나를 품고 있는가
떨림으로 나에게 다가오는 속삭임

지상에서 잊혀 가는
비석의 이름들 돌아보면
인간은 죽어야 하는 운명임을 보여준다

죽음과 싸우는 사람에게 와서 사십 년
몇 번 손 내 주어 죽음에서 구한 은혜
고맙고 그리운 님

그리움이 그리움을 기다리는
그리움을 찾아가면 흐르는 눈물
그리움이 죽으면 진정한 그리움을 안다

이승의 삶이란 무엇이란 말인가
언제 죄 많은 꿇은 무릎 펼 수 있을까

비석이 말없이 눈물 흘린다

* 아내는 메르스 바이러스에서 코로나바이러스로 인해 한참 꽃 필 나이에 억울하게 하늘나라로 갔다. 수목장 비석에 "나의 천사. 나의 생명. 님이 있어 행복했소. 영원히 사랑하오."라고 새겼다.

폴더 가이드

까칠한 손 앙금이 없어 떨어트린 달이
가슴에 둥지를 튼다

꿈인가 생시인가 자각몽인가
딸아이가 내가 떨어트린 달이
내일 만나러 온다고 하였다
일 년 기일 미사에서 달을 만나고
자식의 아픔을 낫게 해달라 기도한다

약간의 병은 행복의 약이 될 수도 있고
건강한 육체는 사이렌 노래의 유혹에 빠져
지옥으로 떨어질 수도 있다지만
아프면 안 되는 촛불을 바라본다
한 많은 촛불이 흐느낀다
영혼이 응답하는 것일까
어둠과 빛이 한순간에 흐른다

모든 욕망은 향을 태우고 재만 남기는
죽음으로 가는 진리 앞에
무엇을 얻고 무엇을 잃었는가
살아있는 가슴안에 머물다 지는 달
얼마나 담고 있을까
나도 지고 있는데

빨래를 널며

아파트 베란다 행가에 빨래를 넌다
옷자락으로 힘껏 바람을 일으키며
공간을 펴서 늘어도 처진 어깨 빨래는
창 넘어온 햇살이 옥구슬 굴리고 앉아 있는 행가에
사랑이 빠져나간 허줄한 옷으로 널린다

세상에 찌든 때 깨끗이 씻고 널면
사랑하는 사람이 행가 넘어 바라보는
영혼의 눈을 느끼면 맨 바람에 운다
눈물이 마르면 처진 어깨 펼 수 있을까
일어서서 걸을 수 있을까
살아서도 죽어있는 사람이 있고
죽어서도 살아있는 사람이 있다

죽어서 살아가는 세상 빨랫줄에
홀로 널린 준비가 되어 있어야 한다
맨바람에 울음 우는 공간에
눈물을 견디고 소름이 돋는
내가 행가에 빨래로 널리고 있다

도꼬마리 씨

함안 낙동강 나루터 가는 둘레길
길은 옛길이로되 나루터는 간 데 없고
발에 밟히는 낙엽이 몸을 뒤척이는
둘레길 둘러 나오면
도꼬마리 풀의 씨가 바지를 잡고 따라 나왔다

용주사 스님 예불 소리 듣고 깨어나는 도꼬마리
움직이지 못하면 죽는 것이라
바람에 흔들리다 결국 나의 바지를 잡고 나왔다

오솔길 지나고 만나는 큰 길
작은 강을 지나 큰 강이 있는
합강정을 둘러 나오기까지 따라다녔다

삶은 계속되고 걸어가야 하는 길
세상 여행한 도꼬마리 좁은 시야 눈이 커졌는지
떼어내려해도 잘 떨어지지 않는다

살아가는 것은 하늘을 마음에 담으며
세상에 열매를 퍼트리는 일이라고
끝까지 바지를 잡고 있는 도꼬마리 씨

하나하나 달래며 떼어내어

지천에 뿌렸다
폭우 뒤 보슬비 내리는 황톳빛 낙동강이
맑아지는 것처럼
맑은 생각을 따라서

도꼬마리 씨
하늘이 열어 준 길만큼 길을 걸었다

*합강정: 함안 낙동강과 남강이 만나는 곳에 있는 정자.

9월의 부산 송정 해수욕장

햇볕 머금은 바다는 눈부시고
파도는 바람에 펄럭이는 실크 천
해변의 모래를 밟고 밀려온다

밟히고 부서지면서 부드러운
부서지고 부서지면서 둥글어지는
은빛 모래사장
금빛, 갈색 머리카락 휘날리면
선탠하는 몸을 품는
모래의 가슴이 두근거린다

부드러운 모래 밟고 밀려 오는
등 굽은 파도 타고
푸른 하늘에 손 담그는 서퍼들
사람들은 파도 타는 삶이 즐겁다

파도에 부서지고 일어서는
부드러운 모래사장 신발 벗고 걸어도 보고
파도를 손으로 쓰다듬으며
파도의 맥박을 느낀다

해안 공원 산책길 바닷바람으로
꼬막 밥에 바다를 비벼 먹고
깊은 바다가 된다

제2부_시드니 항, 밤의 불빛

시드니 항, 밤의 불빛

마음에 방황하는 시간이 계속될 때가 있다
그럴 때면 인생을 배우려 여행을 떠나면
가슴 뛰는 삶이 있다
바람 따라 무작정 찾아간 시드니 항 밤의 불빛이 그랬다
시드니 항 밤의 불빛을 포근하게 안으며
가슴 두근거리는 밤바다를 바라보는 해변 가로등
맛있는 바람이 상쾌하여 되새김질하였다
불빛을 위해 어둠이 더듬으며 걷는 해변
온갖 걱정이 삶을 믿는 불빛으로 밝아졌다
오페라 하우스 붉고 노란 푸른색 불빛의 연주가
해변에 앉은 커피잔에 일렁이는 광장에서
갈매기 한 마리 맑은 눈과 마주하는 바람의 눈으로
없어도 있는 그리움으로 같이 앉아 있었다
설레는 불빛은 슬픈 운명을 달래주는데
팔짱을 하는 외로운 영혼으로 눈물이 났다

히메지 성

마음이 공허할 때는 허무를 못 박는 시간보다
여행을 떠나야 하리라
한 마리 백조인 듯 히메지 성은 일본 국보
유네스코 세계 문화유산이라 찾아보았다

히메지시 역 광장을 고개 들고 내려다보는
한 마리 백조
놓칠세라 따라가면 조각배 떠다니는
해지가 감싼 공원 숲으로 날아갔다
바람도 나무 그늘에 뛰어들어 누워있는 공원 숲
더위 먹고 한낮에 졸고 있는 동물들
한 마리 백조는 천수각, 긴 회랑을 지나
어느덧 코코엔 연못에 한 점 수채화로 앉아
무채색 세상을 무지개색으로 채색하고 있었다

히메지시 역사관, 미술관, 문학관에서는
어떤 모습으로 보이고 있을까
진정한 자유의 날개를 펴고
팔월의 코로나바이러스 담금질에도
땀으로 흘러내리는 열정의 찌꺼기를 훔쳐내고
홀로 감성의 의자에 앉아 우아한 고독을 마시면

어차피 생은 홀로 심장 뛰는 삶을 찾다가

홀로 세상을 떠나는 것이지 않는가
마음 둘 곳 없어 떠나온 허전한 가슴에
한 마리 백조가 날아와 앉았다

흔적

박물관은 삶의 의지로 노력한 흔적들이 웅장했다

폼페이 화산 폭발의 흔적, 공룡 발자국의 흔적
트로이 유적, 토기, 왕족과 미라 순장, 소유물 유적
자기주장의 칼이 녹슬고 부식된 흔적들

나이 들수록 뚜렷한 흔적을 남기고 싶다
내 난치로 절룩이던 삶의 흔적을 생각해 본다

십 대, 이십 대, 삼십 대 계단마다 엎질러진 시간
세상 바다에 빠져 허우적대는 삶을
님이 선물한 단식의 구명줄로 생명을 인양한 흔적

악성 호흡기 바이러스 이빨에 물리어
기다려 주지 않는 시간에 간지를 끼우고
말없이 걸어온 발자국 흔적인 책이 있다

내 흔적은 얼마나 세상에 남아 있을 수 있을까
얼마나 많은 사람이 둘러보고 상상할 수 있을까

시든 풀잎처럼 아픈 몸을 이끌고 지상을 밟아 온
내 죄의 기록, 가슴에 귀 대어 보면 들리어오는
건강한 길로 바로 걸어보자 울음 우는 흔적은

얼마나 세상에 선한 영향력을 줄 수 있을까

바람도 땀으로 새기는 흔적을 남기며 걷는다

시인이 찾는 것

삶에 있어 도전 없이 얻을 수 있는 것은 없다
세계여행은 걸을 수 있는 건강의 틈새가 보일 때
시를 얻고자 평생 난치를 안은 몸에 대한 도전이었다
헝가리 시민 공원에서
낡고 야윈 몸에 피로가 자라나 몸살감기로
일정에 포박당하여 끌려다니는 과로사 생각은
어스름이 달려온 자유 시간도 앉을 자리 찾는데
저녁 하늘이 구름의 커튼을 닫는 붉은 호수
불을 켜 놓은 케이크 같은 국회의사당이 비춰보는
다뉴브강 야경이 내 안에 아름다운 불을 켰다
루브르 미술관 다빈치 모나리자 원본이 그랬듯
오스트리아 벨베데레 궁정에서 클림트 키스 그림
원본을 보는 감동을 선물 받고
크로아티아 자그레브 심장 카페 거리를 걷는다
벤치에 앉아 거리 악사의 피아노 멜로디로 시름을 달래며
눈과 귀를 열어 담아도 얻고자 하는 시는
보이지도 들리지도 않는다
이국에서 홀로 목마름 적시려 아이스크림 사서 먹는
달달한 용기는 시가 되지 못한다
건강한 사람 마음과 아픈 사람 마음의 거리는 천리
고통의 여행은 편안한 집을 그리워하고
고통의 병은 편안한 죽음을 그리워한다
허나 어쩌랴 이 시간 또한 내 생애의 지도가 그린

운명의 강물에 휩쓸리어 흐르는 한 기점인 것을
신의 벌 받은 건강은 누릴 수 있는 많은 것 저당 잡히고
한 편의 시는 죽음을 생각하는 고통을 감내해야 하는가
시의 소재를 찾는 꿈을 먹고 사는 시인은
시를 얻기 위해 죽을 수도 있구나

수국꽃

너무나 순수하고 해맑은 수국꽃
바라보고 있어도 투명한 가슴이 된다
활짝 핀 수국꽃 길을 걸으면
들리어오는 맑고 청량한 물소리
꽃잎에 스치는 향기를 맡으며
내 가슴 여기저기 수국이 피어난다

나는 햇볕이 흙의 질감으로 그려내는
붉고 푸르고 연분홍
꽃잎의 색상을 만진다
소담한 꽃잎을 쓰다듬어도 보고
한 아름 안아도 보고
꽃 속에 묻히어 보기도 한다

꽃 지면 꽃잎을 만질 수 있을까
한 번만 더, 한 번만 더
꽃이 시들기 전에
꽃잎을 만져보는
사랑의 손이 울고 있다

아름다운 수국꽃
미륵보살 맑은 미소로
나를 밝히고 있었음을

있을 때는 몰랐었다

태종대, 고성, 유구동
해외에서 만나는
님의 얼굴 비추어 보는 수국꽃
꽃잎이 눈물에 젖어 있다

미니멀 라이프

먹고사는 일을 찾아 뛰어다닐 때
사는데 짐이 되는 한방 가득 책을 버렸다
죽음을 가까이서 보고 죽음을 공부할 때
나를 일으켜 세워주던 그림을 버렸다

버리고 버리니 오히려 채울 수가 있었다
책을 버리고 비운 자리 도서관에서 빌려 읽은
삼천팔백 권의 책을 채우고 반납하며 비웠다
그림을 비운 자리 블레드 호수 플리트 비체 호수
명화를 새로운 구도를 기억에 채우고 비웠다

버리고 비우니 가벼워지는 마음
살아가는 욕망의 쓰레기를 매일매일 버린다
나는 버리면서 환경 오염이 몰고 온
호흡기 바이러스를 버리는 쓰레기통이 된다

나는 쓰레기통이 되어 매일매일 나를 비운다
쓰레기통이 되어 나를 비우면서
오염물 씻어내며 살아가는 자체로 수련한다

버리고 비우면 평화가 오는 삶
버리고 비우니 나도 편히 버릴 수 있을 것 같다

*슬로베니아 블레드 호수: 율리안 알프스 최고봉 트리글리브 산이 블레드 호수와 크로아티아 유네스코 세계문화 유산 빛에 따라 색이 달라지는 플리트 비체 호수를 유화로 그려 간직하고 싶었다.

미틈달

11월이 지는 소리가 들린다

새들이 맑게 닦은 가을 하늘로
퍼덕이는 날개 펴는 소리에서
날다람쥐 나뭇잎을 밟고 지나가자
도토리 익은 열매 후드득 떨어지는 소리에서
지식으로 익은 보물이
머리에 바스락거리는 소리가 들린다

태양이 지구를 잡고 끌어당기고
지구가 만유인력으로 도토리를 끌어당기는 소리
같은 파장의 열매를 키워내는 소리

끌어당김은 지구의 사랑이다
지구의 6분의 1 중력 가속도 달이 끌어당기는
떠다니는 만유인력으로 사람은 살 수 없다

11월의 나뭇잎은 나이가 바스락거리는 생각의 잎
곱게 물들어 지상에서 익어가는 문장들
이슬 반짝임 같은 쓰고 싶은 시들
지상이 떨어지는 소리 들린다

흔들리는 나무마다 갈구하는 허기진 배움의

끌어당김 마저 없다면 무엇으로 살아가나
사색의 책장을 넘기는 나뭇잎을 끌어당기는
구심력으로 글을 쓰며 깊어 가는 시간

마음을 비워내는 가을과 겨울 사이
헐벗어 가는 11월 틈으로
새로운 해를 기다리는 겨울이 기웃댄다

불빛

불빛은 죽었던 밤을 꿈틀거리게 한다

도시의 불빛은 어둠을 오색빛 물들이는
빛 우산으로 받쳐 들고
가정의 불빛은 안락하게 빛난다

거실 등의 고장으로 불빛이 나가고
내가 어둠에 묻힐 때 알았다
불빛이 없는 등은 어둠 속에 허깨비
나는 등이고 당신은 나를 살린 빛이라는 것을

당신은 나를 구원하려 지구에 내려 온 천사
무슨 필연으로 목숨이 꺼지면서
난치의 죽음과 싸우는 나를 살려내었는가?
당신이 있어야 할 자리 당신이 없으니 눈물이 났다

수리한 등에 불이 들어오고 알았다
당신은 나의 존재 목적, 의미, 가치인 것을

어둠에 싸여 방황해 본 사람은 안다
죽었다 살아난 환한 미소가 얼마나 아름다운지
나는 당신으로 존재하고
당신이 없는 나는 죽었다

너는 나의 호흡이다

한 호흡으로 지구가 휘청한다
"나 없으면 어떻게 살래"
"죽었지"
너는 나의 호흡이다

영혼의 지문

하늘이 영혼을 증명하는 신분증
지문이 찍히면 영혼을 증명한다

아내 영혼으로 만진 싱크대에
"물이 없으면 하루도 못 살겠다." 흘러내리는 물
영혼의 지문이 있다
빨래판, 세숫대야, 수도꼭지에
"아픈 사람 고통은 아픈 사람만 알지 어느 누가 알겠니?"
아픈 몸으로 옷소매 걷어붙이고 손 빨래하는
영혼의 지문

아픈 사람의 가장 외로움을 아는
건강을 잃은 구겨진 옷 같은 남편을
씻어 내고 펴서 말리는 손때
투병하며 담담하게 남편을 위해 준비해 둔 물품들
영혼의 지문이 있다

김치 공장 위생 작업복 빨래하는 나는
힘없는 손을 빨래하는 것인지 떨리어 온다
아내의 아픔을 몰랐던 죄를 씻는
내 마음에 파장이 인다

〈
물건을 쓰던 사람이 죽어도 내 것이란
손도장인 영혼의 지문
토끼 눈으로 보고 있는 영혼을 느끼는
잔잔한 파장으로 소름이 돋는다

그리운 사람은 죽어 말이 없으니
이 떨림마저 없다면 나는 없는 존재로
떨림이 있는 나는 살고
떨림이 없는 나는 죽는다

은혜

"은혜"는 삶을 기쁘게 하는 선물이다

하얀 머리카락 자라기까지
많은 생명의 희생을 먹고
직장에서 휴식하며 웃고 친구들과 차 한잔
저녁이면 사랑이 담긴 밥 그릇 비우고
인간으로 살게 하는 책을 읽으며
아내의 기도를 녹여 잠을 청하는, 죽었던
내가 살아온 수많은 시간들

캐나다 몬트리올 성 요셉 성당 가득 목발을 두고 간
치유의 기적을 일으킨 앙드레 수사 심장을 보고
조용히 뛰던 심장
오키나와 츄라우미 수족관 세계 최대 수조에
고래 상어와 만타들 유유히 흐르는 미지의 세계와
돌고래가 바다에 뛰어 오르는 묘기를 본 시간들
생명을 가져다 준 여행들
단식과 매일 한권의 책으로 세상을 읽어온 시간들

추억을 먹던 이빨 죽은 신경에 감각을 덧 씌워 준다

저가 그린 그림자를 바라보는 형광등 빛이 보살피는
빈 벽을 홀로 대면하고 있는 사람에게

우울한 목숨 달래주는 카톡의 노래*

이 순간의 감성, 서정을 믿는 밤의 묵상
살아남을 끝은 언제까지 일까
살아 있을 때 갚아야 할 은혜
죽었던 내가 다시 살아가는 이유가 되었다

* 울적한 밤이었다. 처형이 "내가 누려왔던 모든 것들이, 내가 지나왔던 모든 시간이, 내가 걸어왔던 모든 순간 당연한 게 아니라 모두가 은혜였소" 가사의 노래를 카톡으로 보내 주었다.

대청, 백령 지질 공원

바람이 등을 기댄 두문진 바다는 안개에 숨기도 하고
바람이 커튼처럼 펄럭일 때는 유람선을 목말을 태운다

백령도 바다의 두 얼굴 사이 새로운 세상을 본다
단조로운 일상을 벗는 파도가 규암, 사암으로
수억 년 조각한 늙은 신의 마지막 작품을 보면
낡은 나도 사람들에게 감동을 주는
마지막 작품 하나 남기고 싶다

사곶 해변 삼 킬로미터 펼쳐진 단단한 고운 모래
세계에서 단 두 곳인 천년 비행기 활주로를 보면
내 시간의 틈새를 문학의 고운 언어로 밀도 있게 엮어서
세상의 힘든 비행을 쉬어가고자 활주로를 찾는 사람에게
활주로가 되는 글을 쓰고 싶다

대청도 모래섬 옥죽도 모래사막 걸었다
걸어도 걸어도 모래, 걸어도 걸어도 해변
걸어온 발자국은 지워지지 않는다
먼 길 걸으며 이야기 나누다 보면 남이 없는 사람들
인심을 잃지 않으려 조심스레 발자국을 남긴다

인간은 여행하며 배우다 가는 존재이므로
인간으로 살아가기 위해 아름다운 금수강산

새로운 곳을 여행하는 발자국을 남기며
싱싱한 바람으로 외로움을 달랜다

* 백령도 만물상 선대 바위를 1620년에 귀양 온 이대기가 '늙은 신의 마지막 작품'이라 하였다고 함.

호흡기 바이러스 팬데믹

후배가 기침을 뱉으며 찾아온 것은
까마귀 날자 배 떨어진 일이었다
눈에 보이지 않아 무서운 안에서 밖으로
아무렇지 않게 뱉어내는 기침은
악마가 지뢰를 품고 달려든 것이었다
호흡의 길목마다 터지는 지뢰
모래 위를 걷는 낙타가 흘리는 콧물이 흐르고
감당할 수 없는 무성한 두려움이 현실이 되는 순간
다들 나이 들어도 건강한데 감염자만 아프고
사랑하는 가족이 아프고 강박을 안고 산다
바이러스 감염은 건강한 활동을 앗아가고
건강한 웃음을 앗아가고 사회를 멀리한다
악마가 오는 길을 견고한 가로막을 친 건강은
죽음과 싸워야 하는 감염자의 마음을 모른다
피해자가 가해자로 씻지 못하는 죄를 짓는
기막힌 현실 고통 공포로 살아가는 사회
폭풍 한설 휘몰아치는 잔인한 바람으로
새소리도 내지 못하고 꽃이 피지 못하고
시들한 나뭇잎 떨어지고 시들한 **뼈**만 남기고
하소연할 곳 찾지 못한 부르짖음은
부연 허공만 가를 뿐이다
옛말에 하늘이 인간의 죄를 물어 인구 조절을 위해
감염병을 내린다지만 악마는 힘이 세다

면역은 방패가 될 수 있을까
살아야 한다는 절규가 가족을 지킬 수 있을까
억울한 죽음이 와도 국가도 세계도 모른다
나뭇잎 한 잎 떨어질 뿐 세상은 변함없다

* 낙타가 콧물을 흘리는 메르스 바이러스.
* 고통 공포 한병철 『고통 없는 사회』.

아내의 입원일지

1.
일하다, 운전하다, 잠자다가
호흡기 바이러스 팬데믹에 무너지는 하늘
담담하게 죽음과 싸우고 있는
숭고한 나의 사랑 생각에 눈물이 흐릅니다

2.
호스피스 병동에서
침대에 누운 몸 꺼져만 가는 나의 사랑
일어날 힘이 없는 몸을 물수건으로 닦으며
죽으면 만질 수 없는 성스러운 몸을 만집니다
손과 발을 닦으며 키스를 보내는
내 사랑을 알고 있는지
선한 눈망울 눈물이 보입니다

3.
내 사랑이 물 먹을 힘도 말할 힘도 없습니다
면회 온 단짝 친구
코로나로 만나지 못하고 두고 간
바나나즙 한 모금에
"맛있다."
내 영혼을 맑혀주던 내 사랑이
살아서 마지막 먹은 음식

살아서 마지막 내뱉은 말
내 가슴 울리던 말을 전해 들은
아내의 친구는 서럽게 울었습니다

김해 문학기행

김해에 와서 가락국 수로왕이 되어 보고 싶다
가라국 구간과 백성들이 구지봉을 올라 구지가를 부른다
하늘에서 떨어지는 황금상자가 열리고 여섯 알에서
제일 먼저 알을 깨고 나온다
나는 설화 속 나라를 여행하며
은혜사에서 분성 산성 걸으며 생각한다
김해에 몇 번을 와도 몇 번을 불러
신비의 이야기를 들려주는
설화 없는 세상은 얼마나 무료할까
가슴에 상처가 있는 사람은
늙어 가는 어제 지나간 세월이 아파
꿈을 꾸듯 자고 나도 꿈 꾸듯
이러다가 꿈 꾸지 못하면 죽는 인간이기에
나는 영혼이 있는 문학을 하며
설화 속에 수로왕이 되어 알을 깨트리고
왕으로 다시 태어난다
허왕후를 만나 157년을 살아가는
설화 속에 내가 된다

제3부 _ 목련꽃

아프면 안 되는 날

홀로 누군가를 기다리는 시간
홀로 누구를 기다리는 사람에게 마음이 가는 사람
구멍 뚫림 돌 같은 가슴을 이해한다
따뜻한 두 팔로 안아 줄 수 있을 것 같은
살아있는 순간은 아름답게 물들이는
먼 거리가 가깝게 느껴지는 사람
첫눈에 이끌리는 사람을 만나는 날

가슴에 새순이 돋듯
거푸집 나이의 아픈 머리를 채우는
신비한 그리움을 캐려 하는

세상은 건강한 사람의 것
난치의 아픔에도 일어나는 그리움을 만나기 위해
우울한 아픔을 꺼야 하는 날

그런 날이 아프다

(2024. 10. 25)

안부

산책길 새들이 지저귀는 소리가
대지에 봄을 파종한다

겨우 내 마른 나뭇가지에는
솜뭉치 흩날리는 햇살에 움트는 봄들이
옹기종기 모여 앉아
서로 잘 있니? 안부를 묻고 있다

꽃잎도 그냥 열리는 것이 아니라
성홍열로 죽었다고 윗목에 밀쳐놓은 꽃봉오리
몇 번 죽었다 살아나 가지는 시간이 있을수록
해 맑고 꽃잎을 연다

난치의 병과 싸워 온 상수리나무 마른 가지
폭풍 한설 지나온 아픔을 꿰매는 여린 가지
새들이 앉아 묻는 안부에 푸른 잎 돋아난다

죽으면 끝나는 생이 지상에 사는 동안
부드러운 햇살이 붉게 떨어지는 안부로
시간의 책장을 알뜰하게 넘기는
꽃잎이 얼굴 내밀며 활짝 열린다

산새가 햇살을 조우며 떨어트리는 자리에

푸르게 싹을 내미는 풀꽃들
서로 잘 살고 있니? 묻는 안부는
잘 살아 있어 물을 수 있고
잘 살고 있어 들을 수 있다

우정 어린 안부는 내 안에 불 밝히는 소리
살아 있으니 만날 수 있는 안부이다

냉정한 출근길

감각이 없는 다리로 출근한다
냉정한 출근길이 연민을 보낸다
기침 진료에 폐렴 예방 13가 백신 후유증인가
알레르기의 고생을 입에 물고 출근한다

나이만큼 자라나 긁을수록 가슴에 열꽃이 피고
고개는 자꾸 바닥으로 떨어뜨린다
출근길은 있어도 없는 내 존재의 손이
힘없이 백지에 초 칠한다

알레르기 가려워 죽겠다는 생각이
사랑의 주사 한 방에 사그라들듯
먹는 밥은 힘을 얻는 주사이다
운명의 흐름에 맡긴 팔이 조금씩 탄력을 받는다

사랑하는 사람을 위해 아프면 안 되는
열망에 아픈 몸이 비끼어 선다
인간은 태어나고 고생하다 죽는다는 생각
눈이 죽고 책이 죽고 글자가 죽는 아픔을
정해진 운명 안에 살아가는 인간임을 받아들이자
건강이 있을 때 사랑을 많이 주는
꿈이 영그는 길을 출근한다

＜
문상 가서 신고 간 구두 잃고 죽고 싶은 날
그런 날은 꿈이고 싶은 날이었던 것처럼
아픈 날이 한 줌의 슬픔을 움켜쥔 꿈이고 싶은 날
운명에 맡긴 시간으로 출근한다

(2024. 9. 5)

* 서머셋 모음 『인간의 굴레』 사람은 고생하다 죽는다.

꽃다발

전남 광양 매화 마을에 들어서자
매화나무가 한 아름 꽃다발을 안겨 주었다

태양을 품은 하얀, 연분홍, 홍매화 꽃다발
물결치며 몰려드는 사람도 꽃다발
웃음도 꽃다발 꽃다발 천지였다

매화나무 아래에서 꽃다발을 주고받는 마음들은
매화꽃이 불 밝히는 불빛 아래서
사랑을 보내는 인증샷 사진을 찍고 있었다

산 마을을 오르는 길목에 있는
오래된 집 부서질 것 같은 벽
거미줄에 햇살 반짝이고
바람만 가끔 문을 두드리는 햇볕 희미한
내 마음의 집에도
그대가 꽃다발을 갖다 놓았다
꽃잎들이 하나둘 불을 켜니 온 집이 환해졌다
꽃다발을 받은 내 마음이 밝아지니
온 세상이 환해졌다

꽃다발 주고 받는 쉽지 않은 시간
살아 있어 다니는 여행은

꽃다발을 받는 것이었다
꽃다발은 살아서 줄 수 있고
살아 있어서 받을 수 있었다

추억을 신고 걷는다

새 구두 굽 오래되어 세균 오염인가 스펀지처럼 부서져
아끼다 똥이 된 새 구두를 버리고
캐주얼 신발로 추억을 산다

추억을 신고 화왕산 억새밭을 걷는다
과거에 걸었던 길 옷깃 흩날리는 억새꽃에 앉은 햇빛
그리움의 흐느낌인가 억새꽃 흔들리니
새들이 날고 고요한 하늘이 흔들린다

억새와 사람들 어울리는 길을 걸으면
하늘에는 내 아픔 앞에 나 없이 혼자 살 수 없다면
하늘에 별이 된 사랑하는 사람이 있고

많을 것 가졌어도 잃고 사는 사람이 있는가 하면
많은 것 잃고도 푸른 창공에 흘러간 노랫가락
찾으며 사는 사람도 있다

우리의 내일은 밀봉되어 있고
신이 주는 현재 시간 그리움을 찾아
가진 것 최고로 누리며 걷는다

오늘 또 오늘로 살고 있는
억새는 억새들 사이의 길을 걷고

사람은 사람들 사이에
사람이 살아가는 길을 걷는다

벚꽃 나무 아래서

연인들은 피는 꽃이다
따뜻한 바람이 꽃잎을 열고
연분홍 물감을 뿌리는 길
꽃잎을 활짝 열 때 손을 잡고 걸으며
벚꽃잎 떨어진 의자에 앉아도 보고
서둘러 사랑하자

짧은 시간 활짝 피고
하르르 떨어지는 벚꽃
꽃 지는 것은 순간이다
가슴이 따듯할 때
사랑하자

쓸쓸한 비바람이 불어
꽃이 지면 늦으리니
꽃이 한참 필 때 사랑하자

민들레꽃

산책 길가에 민들레꽃이 피어 있다
강철 같은 줄기 질긴 뿌리내리고
찬 바람 긴 세월 푸름을 잃지 않고
언제나 그 자리 변함없이 피는 꽃

억세게 살아온 상처들이 까만 씨 영글고
솜털을 살며시 잡아보는 바람에 날리어
황량한 가슴 깊이 그리움의 꽃씨를 심었는지

어떤 깊은 연으로 내 눈가에 맺혀
보고 싶어 찾아가면
"내가 더 보고 싶다"
고개를 내밀며 하얀 미소 짓는다

불꽃놀이

밤하늘에 무지개색 꽃구름 활짝 피어
흩날리며 울려 퍼지는 빛의 변주
죽었다 살아난 생의 열정

웃는 얼굴로 쏟아져 내리는
환상이 빚어낸 기쁨의 함성
후회 없는 삶의 춤사위

감정을 터트려야 알 수 있는 마음
행복한 날개를 펴는 건강한 문장들이
어둠을 환하게 밝히고 있다

목련꽃

해금 소리 머금은 개울이
조약돌 만지는 시냇가
텅 빈 삶의 캔버스에 덧칠하며
내 생의 봄을 심던
하얀 날개옷의 여인

약간의 바람에도 예민한
순백의 꽃잎
나를 위해 피었는가
맑고 깨끗한 심성으로
포근하게 핀 꽃

하얀 옷자락 매만지는
꽃샘바람 차가워도
봄을 부르는 나뭇가지 앉아
편안한 얼굴
보이고 있다

사람꽃

보고 싶다 부르면
나 여기 있다
손 흔드는 꽃

파도가 굽 높이는 간절곶
마음을 열고 피어난
사람들 무리

꽃 보다
아름다운
사람꽃

벚꽃이 피는 길

마산 산복 도로 가로수 벚나무
출근길에 움트던 꽃망울이
퇴근길에 꽃잎을 터트리고 있다

봄바람은 인류가 평생 튀겨도 튀겨낼 수 없는 꽃을
단 하루에 튀겨내어 거리가 환하다

꽃샘바람이 말해라 몰아치면 웅크린 언어장애가
따뜻하게 감싸 안은 봄바람으로
내면의 맑고 고운 노래 부르듯
연분홍 꽃잎을 터트리며 봄을 쌓고 있다

하루에도 많은 일들이 일어나지만
빈약한 몸이 바로 걸어보자 질문을 싣고 달리는 길
내일에 지더라도 후회 없는 해 맑은 미소
어김없이 찾아오는 계절은
봄바람에 꽃잎이 봄을 열고 있다

세상 일은 우연한 시간이 있을 수 있을까
우주의 파장과 연결된 우리 생각의 파장
이름 지어진 대로 살아가는 벚꽃이
내가 다니는 길을 꿈으로 덮고 있다

그리움을 먹으러 간다

먹지 못하면 죽으므로 그리움을 먹으러 간다

아내 투병 때 마산역 시장 골목 식당
식당 주방은 아내가 주문한 위로를
정성 들여 내어놓는 김이 모락모락 부드러운 면발
건강 잃은 좌절을 시원한 다시 물에 풀어주던 국수
서민 가격 국수, 짜장면이 잘 넘어간다고 자주 찾았다

오늘 짜장면집을 둘러 그리움을 먹는다
하얀 면에 검은 장미꽃처럼 덮은 그리움 내어놓는
양배추, 감자, 양파, 가끔 보이는 돼지고기
그 사람 그 짜장면 변함없는데 사랑하는 사람 보이지 않아
추억과 같이 앉아 그리움을 먹는다
졸깃한 그리움을 집어 들고 눈물을 먹는다

추적추적 비를 따라오는 그리움이 담긴 그릇
한 톨 김치 한 톨 단무지까지
소중한 그리움을 꼭꼭 씹어 먹는다

마시는 물 한 잔에 애잔하게 비추는 그리움을 마시고
사랑하는 사람과 마주 앉아 먹던 따뜻한 기억
빈 접시에 남겨두고 홀로 걸어 나온다

제4부_순수의 시간

순수의 시간

지적장애 Y는 장애인 직업재활 시설
김치 생산 공장에서 배추를 씻는다
거친 편견의 겉잎은 벗겨내고
절인 배추를 씻어 건지는
일이 바빠 고민이 없는 순수의 시간
훈련 교사가 "아들아!" 부르면
지적장애 Y는 보름달 웃음으로 말한다
"나는 아들이 아니고 직장인입니다"
시린 가슴이 있는 말이 있어도
아무 일 없다는 듯 배추를 깨끗이 씻어 건지며
김치 생산 일하는 직장인 이름표를 단 가슴에
자부심의 혈관이 뜨겁다
나이를 손에 쥐고 멈추어 선
난치로 멍든 상처 난 시간을 칼로 잘라내고
소금물에 절인 배추가 되어
가진 것에 감사하는 불감의 혈전이 녹는다
동심으로 말을 듣고 동심으로 받아들이는
순수의 시간을 건져 올린다

새해 떡국

신년 연휴 지나고 첫 출근 한 날이었다
맑은 하늘 구름이 파도치는 점심 그릇에
동그란 새해 일출이 떠 있었다

2024년 1월 1일 3시 30분 꿈인 듯 생시인 듯
호흡을 밀고 가슴에 들어온 동그란 기운을
알라딘 램프로 문지르듯 건강을 기원하며
불러내던 새해 일출이듯

새해를 밝히는 여명의 길을 따라
팔용산에 올라 바라보는 동쪽 하늘
이월된 허욕의 구름은 불살라 버리고
두 손 모은 산 능선 솟아오르던 새해 일출이듯

정신장애 H가 신년 휴일 칠십 중반 노모를 도와
파지 줍는 일 한다고 보지 못했던 새해 일출
쉼 없는 일로 짓무른 입술에 동그랗게 떠 있는
새해 일출이듯

새해는 자본가나 노동자나 대통령이나 노숙자나
살아 있으면 누구에게나 찾아온다고
점심 그릇에 둥둥 떠 있는 새해 일출
우리는 일하고 밥 잘 먹는 건강한 새해를 먹고 있었다

중증 장애인 근로 지원

일이 없으면 죽는다고 살아온 낡은 세월이
중증 장애인 근로를 지원하고 있다
기억을 자주 도난당하고 자주 웃는 오 군과
멈추지 못하는 분노로 항상 약자가 지는
속에 감춘 분노의 후회로 바지런히 구시렁거리는
정 군이 복사용지 원지를 들고
나는 야윈 허리의 통증으로
삶의 무게가 배분이 잘되도록 초 칠한다
한 세상에 얽히고설킨 사연의 업을 안고
우주 에너지가 그린 지도대로 살아가는
정해 놓은 운명의 인연들
비장애인 보다 일 잘하는 중증 장애 친구들
벽 없는 벽에 명예를 걸어 둘 필요가 없는 친구들
가진 것 있어도 내보일 줄 모르는 친구들
삶의 무게를 묵묵히 들고 있는 친구들이
"친구야!" 사랑을 보여주며 낡은 나를 젊게 만든다
세월의 무게 무거운 가난한 슬픈 영혼 하나
오늘도 지구가 품은 건강한 사람의 숲에서
중증 장애인을 지원하는 난치로 아팠던 나는
청춘의 중증 근로 장애인들과 친구가 되어
나의 중증 근로 장애를 지원받고 있다

녹슨 칼

복사지 작업 준비를 위해
팔레트에 쌓인 종이를 보호하는
포장 비닐을 벗긴다

야윈 비닐이 뭉쳐 서로의 질긴 줄이 되어
손으로 벗길 수 없어 칼을 들었다

한때 푸른빛에 담금질하던 칼날이
녹슬었다
무거워진 발걸음 잠시 머문 시간
붉은 늦잠이 들어붙은 칼이다

한칼에 뭉친 힘을 끊어내는 곳에
언어의 칼날이 날아다니고
코로나 마스크로 입을 막아도
밖에선 새로운 칼을 쥐어달라 소리 높인
유세의 칼을 든 사람들

칼날에 상처를 입은 사람은
칼날에 상처를 입을까
머리끝이 칼날이 된다

마산 국화 축제장에서

근로장애인 현장 체험하는 마산 국화 축제장
국화꽃은 옷깃을 여미는 찬 바람에도
계속 떠드는 열정의 꽃들이 밝게 피어나니
마산 앞바다 주름진 얼굴이 환하였다

전어, 복어가 국화꽃 옷을 입고 국화 향기 뿌리며
제 몸으로 개울에 그림을 그리며 흘러가고
칠흑의 흙을 비집고 질긴 뿌리 내린 국화꽃은
해와 달 별들의 미소를 머금고 있었다

내가 보고 있어 활짝 웃는 꽃
지구 한 모퉁이 국화꽃 꽃동산에서
너 마음을 이해한다 내 사랑을 받아주라
꽃 화관을 만들어 주었다

실습비 오천 원의 음식을 나누는 마당에서
꽃은 밝은 세상을 위해 그냥 웃지만
웃는 꽃이 이쁘고 웃는 친구들이 예쁜
꽃이 활짝 웃는 날, 축제의 날이었다

일왕의 아들

그는 일왕의 아들이고 나는 그의 친구다
자랄 때 이야기를 하는 그는 일왕과 많이 닮았다
그는 일본어, 영어, 중국어로 지구촌을 이야기하고
나아가 화성 목성 별을 걷다가 외계인을 만나고
외계인과 이야기한다
나는 그와 이야기하면 녹 쓰는 머리를
다국의 언어로 닦는다
그의 이야기는 가끔은 안갯속을 거닐 때도 있다
사람을 끌어들이는 언어라 안개 내리는 머리에
불을 밝히고 세상을 다시 걷기도 한다
그는 정신장애의 감옥에서 인내와 절제로 살고
나는 난치로 단식하며 인내와 절제의 감옥에 갇혀
같이 수행의 길을 걷는 친구다
어차피 우리의 인생은 환상이다
나는 얼마나 많은 꿈속에 살고 있을까
세상을 품는 큰 환상 속에 살고 있을까
낡은 나는 일왕의 아들 친구가 되어
강한 자는 살아남고 약한 자를 수렁에 밀어 넣는
약육강식 차별 심한 지구촌에 분개하는
환상 속 세상에서 젊은 꿈에 취해
밝은 삶의 날개를 활짝 펴고 있다

청각장애인 화가 K의 근황

청각장애인 화가 K의 입원 소식에
그를 보는 듯 그의 그림을 보았다
강가에서 울고 있는 나무의 그림자들
바다와 차근차근 이야기하는 햇살
봄 햇살에 기지개를 켜고 바람과 속삭이는 꽃
투박한 질감이 고향의 향기를 부르는 돌
자연을 그린 그림 속에 그가 있었다
그가 그린 그림은 한국미술 역사관
화가의 미술관에 올려 판매하지만
먹고살기 어려워 다니는 직장이었다
직장에서 목소리 높은 바람이 귓전에 스치면
종교적 동물의 신이 되는 언어를 못 듣는 K는
나이 든 자존심 상처를 주는 말이 암이 되어
병원에 입원하여 그림을 그리며 치료하였다
화가의 마음에는 무엇을 그리고 있었을까
궁금하여 물으면 나에게 묻는 말이 되었다
화가의 마음을 알기 위해 얼마나 노력했는지
화가의 말을 듣는데 소홀히 하지 않았는지
수화도 못 하는 타국의 사람으로 있지 않았는지
그가 그린 그림이 나에게 물었다

*청각장애인 화가 김대하.

설국

백지의 나라는 아름답다

하얗게 들뜬 꿈들이 쌓여있는 백지에
가문비나무, 자작나무, 마가목 나무들이
제 그림자를 그린다

눈 덮인 개울가 실크 천을 펼치는 개울물
바라보는 곳마다 백만 불 가격의 명화이다

백지의 나라 노보리 베츠 화산을 본다
지옥 계곡에서 고통스러운 몸부림 토하지 못하고
분화구를 안고 가쁜 숨을 몰아쉬고는
언제 화를 내었던 적 있었던가
모두 잊어버린 듯 백지의 마음은 고요하다

나이 들수록 숨을 죽이고 살아야 하나
감탄의 입에 연기를 물고 하늘 높이 내 뿜는 것은
숨을 쉬고 살아 있다는 것이다

허공에서 태어나 지상으로 흩날리는 눈은
건강하나 건강하지 않으나 주름지고 늙고
숨 쉬고 눈, 코, 귀, 죽음으로 가는 길
백지의 나라는 욕심의 얼룩을 눈을 덮어 지운다

〈
삿포르 맥주를 마시고 얼큰하게 취해서
출렁다리 걷는 듯 출렁이는 백지의 나라
무공해 푸른 바다에서 펄쩍 뛰어오르는
싱싱한 바람이 바이러스에 막힌 코를 뚫어준다

백지의 나라에는 순백인 사랑하는 사람이 있다
살았어도 죽었어도 맑은 영혼이 있다

* 『설국』은 가와바타 야스나리의 장편 소설로 1948년 일본 최초의 노벨 문학상을 받았다. 일본 홋카이도는 그 배경지다.

세상은 읽어도 읽어도 읽을거리가 많다

삶은 선한 생각을 따라가는 여행이다
찡그린 얼굴보다 웃는 얼굴이 좋고
웃는 얼굴보다 분위기 있는 얼굴이 좋듯
봄에 읽은 초원을 가을에 읽어보는
일본 벳부 아프리칸 사파리 초원
푸른 봄이 넘치던 페이지가 가을 물이 들고
읽는 곳마다 푸른 기억을 펼치면
사자, 기린이 철장에 갇힌 인간을 구경한다

동물들이 다니는 초원에서
사람으로 살고 싶어 철장에 갇혀
동물에게 먹이를 준다
동물들이 입 벌리는 생명의 소리에 귀 기울이고
사람으로 살고 싶어 동물에게 먹이를 준다

사람이 동물에게 먹이를 주는
동물이 인간을 구경하는 세상
동물이 아니라 인간으로 살기 위해
세상은 읽어도 읽어도 읽을거리가 많다

물구나무 서서 세상을 거꾸로 보는
동물이 사람에게 먹이를 주는
사람이 사람을 우연히 만나는 시간의 여행

＜
가을 벳부 사파리 여행은
붉게 물든 그리운 사람 소식과 같이 앉아
동물이 던져 놓은 기적의 단서
사람이 사람을 만나고 돌아온다

흐르는 시간

하얀 눈옷 입은 백두산 장백폭포
물안개 걸어 다니는 계곡에
폭포 물이 옥구슬 굴리며 흘러내렸다

장엄한 계곡으로 휘모리장단 울리는 계곡물
화산이 하얀 김을 품어내고 숨 쉬는 것을 보면
내 가슴이 활화산 폭발하듯 끓어 올랐다

흐르는 물은 흐르는 시간 보석으로 빛나고
한 방울이라도 헛되게 흘러 보낼까?
한 움큼 손에 쥐고 한 알 한 알 비춰보았다

섬나라에 있는 백두산 넘어 장백폭포 계곡
거센 물은 어머니 예금으로 남기신 말을 인출하였다
"네가 알아서 안 될 책 열 권을 써도 모자랄 한국의 역사"
나라를 찾으려던 어머니 일본인 병원, 방직공장 다니며
항일 주동의 고문과 사상분쟁의 고문에 찢긴 다리를 끌고
미인박명으로 거센 한국 역사의 강에 휩쓸리어 흘렀으랴

계곡물 흐르듯 시간은 흘러가면
사람이 죽고 역사의 한 페이지도 덮고 흘러가면
모두 죽고 보이지 않는 시간

＜
내 살아 있는 뇌 속에 살아 있는 사랑하는 사람과
술 취한 혀의 바늘 눈 내린 시간을 건너
지금껏 달려온 시간이 흘러 사라지기 전에
백두산 장백폭포에서
흐르는 시간을 글의 그릇에 담는다

굳이 신의 깊은 뜻을 알려고 하지 말자

인간은 삶의 진실을 알고자 신을 찾는 여행자
후지산이 보는 거울인 세계문화유산 오시노 핫가이
여덟 개 눈의 말간 호수를 들여다본다

신이 일만 오천 년을 깨끗이 닦아 온 거울
내 마음 바닥까지 보이는 것 같은 호수는
행복한 감탄사를 입에 무는
내 부끄러운 욕망의 티끌까지 보여주었다

오시노 핫가이 호수에 내 눈길이 빨려드는
신을 만나려 미지의 세계 미분과 적분의 길 더듬으면
산에 미쳐 다니고 지구에 수많은 방황
과거가 밀고 온 불행은 현재 행복의 거울이었다

내 육체를 벗으면 후지산의 한 점 눈이 되어
높은 곳에 앉아 호수의 거울을 내려다볼 수 있으니
굳이 신의 깊은 뜻을 알려 하지 말자

오시노 핫가이 거울에 비친 신은
겸손한 수련으로 지신을 한 눈금 더 자라야
건강한 운명을 보여주지 않을까

신의 말씀을 소문 깊이 쌓아놓은 설산 후지산은

오시노 핫가이 거울 속에서
까치발로 눈을 털고 있었다

시간의 사이

시간의 사이에 내가 존재한다
멋있는 세계인 사이로 작은 내가 흐른다
우크라이나 러시아 전쟁의 공포 사이
프라하 시계탑 광장을 지나 자유 시간 사이
카를 다리 악사가 마음을 사로잡는 애잔한 음악 사이
화가가 그리는 아름다운 어반 스케치와 인물화 사이
카를 다리를 걷는 늙은 사람, 장애인, 병든 사람들 사이
크고 작고, 희고 검은 세계인들 점점 멀어져
점보다 작아지다 결국 사라지는 사람들 사이
죽기 전 보아야 하는 세계의 명소 다리를 건너는
몸살감기로 떨리는 다리가
떨리는 가슴을 허락하지 않는 사이
태어남과 죽음 사이에 있는 인생길
몸살감기로 카를 다리를 방황하는
한 점 먼지보다 적은 한 인간을 본다

그리움이 있는 나라

호찌민 메콩강을 배를 타고 들고 날던 바람
하노이 하롱베이 그림 같은 뱃길의 친절한 바람
다낭 미케비치 해변 밀려오는 파도가 만지는
모래사장을 끊임없이 걷고 걸었던
그리움이 있는 나라
여름 휴가를 베트남 달랏에서 보내었다
달랏의 바람은 안마사 리샤가 꿈을 안마하듯
나를 시원하게 만져 주었다
죽림정사에서 부처님께 소망을 띄우면
그리움으로 소름 돋는 바람이 있었다
랑비앙 산정에 올라 숲길을 걸었다
숲길로 걸어오는 시원한 바람은
바이크에 홀로 앉은 쓸쓸한 마음의 표정을
활발하게 하였다
해외여행 꿈도 꾸지 못했던 어버이와 인류를 건너
길을 찾고자 하는 사람에게 길을 열어주는
웹으로 달랏 야시장을 찾고 소통하는 축복의 바람
베트남 아열대 기후 나라
그리움의 바람은 차갑지도 뜨겁지도 않고 따뜻하였다
베트남 달랏에 와서
시원한 바람으로 한국에서 묻혀온 폭염을 식히며
그리움이 있어 살아가는 나를 보았다

빛

숲길을 걸으며 숲속에 꽂히는 빛기둥으로
나뭇잎에서 하늘 조각이 반짝인다
난치의 마른 풀은 빛을 보는
시간의 마디마다 생각이 거듭나는
기적에 편입된 시간

숲속은 마른 나무일수록 축복의 빛이 빛나고
빛 조각은 돌, 의자, 곤충의 날개에 앉아
생각에 젖는다

눈 깜빡 사이 빛과 어둠이 있는 지상에서
죽었다가 다시 사는 삶의 잔량은 얼마일까
하늘이 무너져도
노력한 만큼 틈새를 비집고 일어서는
책장을 넘기는 숲, 생각은 빛 에너지

세상이 아름다운 것은 빛이 있기 때문
빛이 없고 어둠뿐인 세상이면
내가 존재할 수 있을까
눈을 뜨면 기적이요 눈을 감으며 꿈이 되는
살아 있어 빛을 보는 자체가 기적이다

후기와 연보

■ 후기

 2023년 1월 29일 아내의 죽음은 너무나 큰 충격이었습니다. 건강하던 사람이 하루아침에 죽는다는 것은 믿어지지 않았습니다. 나는 살림밖에 모르고 부지런하고 똑소리 나는 아내의 건강을 지키지 못한 큰 죄인이 되었습니다. 우리는 무엇을 위해 살려고 발버둥 친다는 말입니까. 부도, 권력도, 명예도 죽으면 아무것도 아닌 인생 정말 헛되고 헛되었습니다.
 2015년 직장에서 메르스 바이러스 의심 기침하는 후배에게 남편이 감염 의심이 있었고-(기침이 나고 호흡에 이상이 있어 감염 의심으로 보건소, 개인병원, 삼성병원, 전남병원에서 진료를 받고 이상이 없었으나, 바이러스에 대하여 공부를 해보니 메르스나, 코로나19 바이러스 감염은 인체의 세포핵에서 증식하므로 일반 검사로는 검사가 어렵고 초정밀 검사 및 DNA 검사로서야 발견할 수 있다고 하였다. 감염 진단이 어렵거니와 무증상 감염은 증상이 없다가도 언제 어느 때 갑자기 암으로 가는 무서운 감염병이여 항상 염려를 안고 살아온 것은 인류의 재앙인 흑사병으로 유럽 인구의 3분 1의 목숨을 빼앗아 갔고, 천연두, 폐결핵 같은 전염병이 많은 인류의 목숨을 앗아가듯이 미래의 인류는 바이러스로 멸망한다는 말도 있어 감염에 대한 공포로 강박관념을 안고 지내왔으며)-아내도 기침하다 비염이 오고, 건강검진에서 비활동성 폐결핵이 보였다. 폐 섬유화증 의심을 하다 2023년 코로나 백신 3차 접종 후 기저 질환에 불을 붙였는지 한참 꽃 필 나이에 폐암을 진단받고 하늘나라로 떠났습니다. 아내는 메르스 감염의 기저질환으로 코로나 백신 피해자임이 확실합니다. 나 역시 비염에다 비활동성 결핵균이 있다고 합니다. 단식을 해온 터라 면역력이 있어 좀 늦게 진행되고 있을 뿐입니다. 고명딸도 혈액에 비활동성 결핵균이 보인다고 하니, 메르스, 코로나 바이러스는 결핵균으로 죽음의 공포에 사로잡히게 합니다. 나는 생각지도 않은 날에 갑자기 죽을 수 있고 오늘이 마지막 날일 수도 있다고 생각하며 최선으로 삽니다. 나는 죄 많은 사람이라 살 만큼 살았지만, 가족이 무슨 죄가 있다는 말입니까? 가족에게 씻을 수 없는 죄인이 되었습니다. 생업을 하다 감염된 악성 호흡기 바이러스이지만 아내, 딸, 손주에게까지 큰 죄인이 되어 죽어서도 무릎 꿇고 빌어야 하는 형벌을 받고 있습니다.

바이러스 감염은 아직 치료 방법이 없다고 합니다. 바이러스는 인체를 숙주로 세포핵에서 증식하며 머리에까지 올라가기도 하고, 기관지염, 기관지 확장증, 비염을 일으키고, 통증을 느끼지 못하는 아무런 증상 없이 5년, 10년, 15년 계속 증식하며 폐를 갉아먹고 침몰시키며 폐렴, 폐 섬유화, 폐암으로 진행하여 죽음에 이르게 하는 무서운 병입니다. 바이러스 감염자는 자기도 모르게 가해자가 되고 고통 공포 속에서 살게 됩니다. 바이러스 감염은 누구를 원망하겠습니까. 운반자를 원망하겠습니까. 국민의 보건과 안녕을 책임지고 있는 국가를 원망하겠습니까. 하늘을 원망하겠습니까. 삶은 당하지 않으면 알 수 없습니다. 당한 사람의 억울한 죽음이지 국가도 누구도 어쩌지 못합니다.

　아내와 저는 폐는 건강한 터라 바이러스 기침을 가벼운 감기처럼 그냥 지나갔다 생각하고 전혀 신경 쓰지 않았습니다. 비활동성 폐결핵이 있다고 했을 때도 오진이라고 웃어넘겼습니다. 증상이 없었으니 죽는다는 생각은 아예 하지 못했습니다. 아내가 어느 날 갑자기 "혼자 살아갈 자신이 없으니 남편보다 먼저 죽어야 한다. 이만큼 산 것만 해도 오래 살았다."라고 하였습니다. 오래 살았다고 한 말은 건강이 나빠지고 있다는 것이고 그만큼 몸이 약해 방황을 일삼는 남편으로 고통을 많이 받았다는 것을 어리석은 나는 뒤늦게 깨달았습니다. 죽는다는 생각을 하지 못한 아내가 폐암이라 하자 나는 큰 충격으로 가슴이 찢어졌지만, 아내는 죽음 앞에서도 담담했습니다. 존경이란 단어는 이럴 때 쓰는 말이었습니다. 아내를 만지면 육신이 얼마나 숭고한가를 보여주었습니다. 수녀가 되려 한 아내는 종일 기도하며 신앙밖에 몰랐습니다. 그런 아내가 바이러스 감염에 의한 억울한 죽음을 맞이하다니 도저히 믿기지 않는 삶이 아이러니하였습니다. 죽고 사는 것은 하늘에 달려있는가요? 생각해 보면 아내는 운명을 알고 있는 듯했습니다. 첫 만남에 16살 건강을 잃고 방황하는 고통을 이야기하자 누구에게나 고통이 있다고 천사와 같이 있는 것처럼 마음 편안하게 해 준 일이며, 건강으로 결혼을 생각하지 못한 사람의 꿈에 나타나 결혼을 할 수 있게 하여 동물의 수렁에서 구해준 일이며, 3명의 자녀를 생각한 나에게 한 명이라도 많다고 딸 한 명을 두자고 한 일이며, 귀신같은 직감력으로 나를 놀라게 한 일들, 내가 건강을 잃고 죽어갈 때 단식을 권유하여 살리고, 메르스, 코로나라는 특수한 사항도 있었지만 2017년에 죽음을 준비할 때 살려낸 일이며, 2022년 죽을 정도 힘들 때 백약초로 살아나게 한 일이며 고비마다 살려내고는 아내가 먼저 죽는다고 내 죽으면 어떻게 살아라고 말하던 일 등은 미루어 보면 자신의 삶을 예견이나 하는 듯했습니다. 우리가 모르는 삶의 비밀은 내 이승의 삶이 다하고 아내를 찾아가면 알 수 있을까요?

 살아가면서 생각한 것은 죽음은 없다는 것입니다. 어차피 이 세상에 태어나기 전에는 나는 없었습니다. 이 세상에 태어난 목적과 이유가 있을 것입니다. 태어난 목적이 끝나고 하늘이 부르는 날은 정해져 있을 것입니다. 아내가 죽었어도 죽었다는 생각은 들지 않습니다. 외로움을 심하게 타던 결혼 전과 달리 항상 아내와 같이 있습니다.
 아내가 아끼며 사용하던 싱크대 앞이며 아내의 영혼이 옆에 있는 듯 소름이 돋습니다. 손빨래하면서, 빨래를 널면서, 침대에서 아내의 영혼이 쳐다보고 있는 양 소름 돋을 때가 많습니다. 아내 수목장지에 가면 소름이 돋는 기를 느낍니다. 혼자 생활하는 게 아니라 안방에 아내가 있다고 생각이 듭니다. 부엌에 아내가 있다고 느끼는 경우가 많습니다. 기운동을 많이 해서 그런 것일까요? 우리의 본원은 우주의 에너지 빛이라 생각합니다. 아내의 형체는 없지만, 에너지는 내 안에 들어

와서 함께하고 있습니다. 하늘에 올랐어도 아내와 나는 우주의 기운으로 함께하지 않을까요? 내 생각과 움직임 모두 타고난 우주의 기운에 따라 살아가는 것이지 않을까요? 이 시간에 주위에서 만나는 사람, 사물이나 물질, 모든 것은 미리 우주 에너지의 흐름으로 운명 지어진 시간의 지도에 따라 만나는 것이 아닐까요. 인도에는 모기까지 신이 있다고 보는 것은 우주 에너지가 기이고, 신이기 때문이라고 생각합니다. 태양신이나 자연 숭배, 힌두교, 불교, 가톨릭, 기독교가 말하는 창조주 근원은 나를 만든 우주 에너지이지 않을까요? 우리는 우주 에너지가 만든 조각품이며 죽으면 태어나기 전 우주의 에너지로 돌아가지 않을까요?

  모든 시간대에 일어나는 사건과 만나는 사람들 우연히 있을 수 있을까요? 불교에 옷깃이 스쳐도 일천 겁의 인연이라는 말이 있습니다. 1겁이 43억 4천만 년이라 우주의 시간대로 나를 탄생시킨 근원의 에너지로 인연으로 내려왔다는 말이 아닐까요? 지금 직장에 다니며 만나는 사람들, 중증 장애인 친구들, 자주 만나는 친구들, 모임에서 만나는 사람들, 어떤 우연으로 일어나는 사건들, 이 글을 쓰는 행위도 우연이지 않을 것입니다. 죽으면 끝나는 인생. 그러나 아주 죽은 것이 아닙니다. 우주의 에너지 기로 남을 것입니다. 아내가 쓰던 물건 아내의 기가 서려 있고, 내가 쓴 글에는 나의 기가 서려 있을 것입니다. 우리는 우주에서 발전하는 에너지의 일부분일 것입니다.

  『영혼의 지문』 시집은 아내를 위해 썼습니다. 책을 좋아하는 아내는 보잘 것 없는 내가 책을 읽으며 글을 쓰는 것을 좋아했습니다. 아무 쓰일 데 없는 내가 할 수 있는 일이라고는 글을 쓰는 것입니다. 분명 아내는 이 시집을 읽을 것입니다.

■ 임채수 연보

1955년 경남 창원시 마산회원구 회원1동(전 회산동) 437번지에서 태어났다.

마산회원초등학교, 마산창신중학교, 마산상업고등학교(현 용마고) 졸업

문성대학교 세무회계학과 졸업(세무회계전문학사)

한국방송통신대학 국문학과 졸업(국문학사)

과학기술부 사회복지학과 졸업(타 전공 행정학사)

중부대학교 대학원 사회복지과 사회복지학 석사 취득(석사 논문 : 현재 사회 문제와 삶의 질의 측면에서의 심신건강수련법 탐색 고찰)

대구대학교 일반대학원 지역사회개발 복지학과 박사 과정을 수료하였다.

의창농수산(주) 회계과 3년, 대교생명(주)관리과 5년, (주) 한진 회계 계장 5년, 삼원테크 회계과장 3년, (주) 부민 상무이사 15년, 대한 요가 단식원 운영 1년, 경남장애인생산품 판매시설 국장 9년, 장애인공동생활가정 시설장 1년, 경남 장애인 인권포럼 중증 장애인 근로지원인 4년, 경상남도지사상, 경상남도의회 의장상

1955년 12월 9일 마산시 회산동 437번지에서 아버지 임우택, 어머니 변분순 1남 1녀 차남으로 태어남

1983년 11월 27일 김성출(요한), 윤은자(마리아) 3남 3녀 세째 딸 김진옥(에밀리아나)과 결혼

1984년 12월 29일 외동딸 송이 태어남

1996년 열린 마음전(창원 KBS홀)

1996년 아름다운 삶의 주변전(서울 서경갤러리)

1997~1998년 창원 일요일화가회전(창원갤러리)

1997년 가톨릭 여성회관 문예창작대학 2기 수료

1998~1999년 창원대학교 평생교육원 시 창작대학 1년 수료

1999년 《시의 나라》 여름호 시 등단

2000년 시집 『보이지 않는 길』 발간(도서출판 푸른별)

2000년 마산문인협회 회원

2001년 경남문인협회 회원

2002~2003년 마산문인협회 사무차장

2005년 《문학과 육필》 수필 신인상

2006년 한국문인협회 회원

2006년 시집 『당신은 이 꽃을 드리는 것은』 발간(도서출판 불휘)

    수필집 『아름다운 산실』 발간(도서출판 불휘)

    건강서 『기적의 단식 건강법』 발간(도서출판 불휘)

    역학서 『하늘의 뜻을 읽는 역』 발간(도서출판 불휘)

2006~2007년 마산문인협회 사무차장

2007년 마산예술인총연합회 공로상

2012~2015년 민들레문학회 회장

2014년 경남문예창작기금 수혜 시집 『신비스런 삶』 발간(도서출판 불휘)

2015년 경남문예창작기금 수혜 산문집 『삶의 매 순간 깔려 있는 행복』 발간(선우 미디어)

2016~2017년 경남문인협회 사무국장

2018년 경남문예창작기금 수혜 시집 『마산항 스케치』 발간(창연출판사)

2018년 경남시인협회 회원

2019년 11월 8, 9일 경남문화예술진흥원 웹툰 페스티발 예비작가로 참여(문성대학교)

2020년 경남평생교육 진흥원 인문학 강사

2020~2021년 민들레문학회 회장

2021년 2월 20일~3월 28일 마산문학관 기획 특별 전시 마산을 빛낸 얼굴 26인 인물화 제작

2021년 경남문화예술진흥원 경남문화예술육성지원금 수혜 수필집 『나비의 시간』 발간(도서출판 경남)

2023년 1월 29일 아내 김진옥(에밀리아나) 하늘나라로 떠나보냄

2024년 경남문화예술진흥원 경남문화예술육성지원금 수혜 시집 『영혼의 지문』 발간(창연출판사)

현재 한국문인협회, 경남문인협회, 경남시인협회, 마산문인협회, 민들레문학회 회원, 경남평생교육진흥원 인문학 강사, 경남자살예방협회 청소년생명존중교육 강사, 사회복지법인 아그네스 이사, 경남장애인인권포럼 중증근로장애인 지원인으로 근무하고 있다.

창연
시선
029

영혼의 지문
2024년 11월 30일 초판 1쇄 발행

지 은 이 | 임채수
펴 낸 이 | 이소정
펴 낸 곳 | 창연출판사
주   소 | 경남 창원시 의창구 읍성로 36
출판등록 | 2013년 11월 26일 제2013-000029호
전   화 | (055) 296-2030
팩   스 | (055) 246-2030
E - mail | 7calltaxi@hanmail.net

값 12,000원
ISBN 979-11-86871-66-6 03810

ⓒ 임채수, 2024

* 이 책의 판권은 저자와 창연출판사에 있습니다.
* 양측의 서면 동의 없이 무단 전재나 복제를 금합니다.
* 이 책은 경남문화예술진흥원의 후원을 받아 발간 되었습니다.